少年游中国

中国地图出版社　编著

中国地图出版社
·北京·

图书在版编目（CIP）数据

少年游中国 / 中国地图出版社编著．-- 北京：中国地图出版社，2025. 7. -- ISBN 978-7-5204-4990-8

Ⅰ．K92-49

中国国家版本馆 CIP 数据核字第 2025VW9652 号

SHAONIAN YOU ZHONGGUO

少年游中国

出版发行	中国地图出版社	邮政编码	100054
社　　址	北京市西城区白纸坊西街 3 号	网　　址	www.sinomaps.com
电　　话	010-83495213　83495131	经　　销	新华书店
印　　刷	保定市铭泰达印刷有限公司	印　　张	8
成品规格	170 mm × 240 mm		
版　　次	2025 年 7 月第 1 版	印　　次	2025 年 7 月河北第 1 次印刷
定　　价	29.80 元		
书　　号	ISBN 978-7-5204-4990-8		
审 图 号	GS 京（2025）0276 号		

本书中国国界线系按照中国地图出版社 1989 年出版的 1:400 万《中华人民共和国地形图》绘制。
如有印装质量问题，请与我社联系调换。
本书中有个别图片，我们经多方努力仍未能与作者取得联系。请作者及时联系我们，以便支付相关费用。

目录

第一章 锦绣中华

第二章 华北地区

第三章 华中地区

第四章
华东地区

第五章
华南地区

第六章 东北地区

第七章 西南地区

第八章 西北地区

图 例

首都	海岸线
省级行政中心	运河
地级市行政中心	河流、湖泊
未定 国界	时令河、时令湖
地区界	沙漠
军事分界线、停火线	▲ 8848.86 山峰及高程/米
省级界	长城
特别行政区界	

第一章

锦绣中华

1 锦绣中华 祖国母亲

中国，全称中华人民共和国，是世界四大古文明之一——中华文明的发源地。从地图上来看，中国仿佛一只雄鸡，面向海洋昂首挺立。

中国简图

中国位于亚欧大陆的东部、太平洋西岸，有960多万平方千米的陆地面积。中国也是海洋大国，有1.8万多千米的海岸线。中国还是全球接壤邻国最多的国家，陆上国界线长约2.2万千米，与14个国家相邻。

所以，提到中国，人们总会想到“幅员辽阔”一词。但是，你能想象中国到底有多辽阔吗？当东北还飘着鹅毛大雪时，海南岛已是椰树成荫；当黑龙江省东部的天空已经洒满星斗时，新疆西部地区的太阳还未下山。在这片辽阔的土地上，有无垠的草原、广袤的沙漠，有被誉为“世界屋脊”的青藏高原，还有无数的岛屿和壮阔的海洋。

海南岛风光

东北地区冬季雪景

中国有56个民族，分布在全国各地。一方水土养一方人，56个民族有多元的文化风俗，不同的文化风俗又相互融合，最终组成14亿多人口的中华民族大家庭。

在中国这片广袤的大地上，有成百上千的繁华都市，也有千千万万的质朴村庄。我们的祖国山河壮丽、物产富饶，我们生活在这里，是幸福的，也是自豪的。

中国美丽的乡村

拓展阅读

中国版图的“四至”点分别为：中国最北端在黑龙江省漠河市北端黑龙江主航道中心线上，中国最南端到海南省南沙群岛中的曾母暗沙，中国最西端到新疆帕米尔高原，中国最东端在黑龙江与乌苏里江主航道中心线汇合处。

小活动

请你为祖国母亲唱首歌吧。

第二章

华北地区

2 祖国心脏 首都北京

北京市，简称“京”，古称燕京、北平等，是中华人民共和国的首都，也是全国的政治中心、文化中心、国际交往中心和科技创新中心，是中国历史文化名城和古都之一。

北京简图

北京承载了中华民族悠久的历史文化。从气派的故宫到充满烟火气的胡同，从历尽沧桑的长城到皇家艺术园林颐和园，它们都诉说着北京的历史故事。

北京的建筑风格多样，既包括传统古建筑，又包括现代城市建筑。故宫的宏伟壮丽、颐和园的风光旖旎、天坛的庄重肃穆、商务大厦的高大简约，都在展示着北京这座城市的独特魅力。

下面，我们重点来看看最能代表北京古代历史文化的宫殿建筑——故宫。故宫拥有大小宫殿 70 余座，9000 余间房屋。那么，如何游览故宫呢？

小活动

游览故宫

很多游客误以为进了天安门就到了故宫，其实午门才是故宫的正门。在午门的西侧分布着社稷坛，这是皇帝祭祀社、稷二神的场所，而午门东侧的太庙为皇家祭祖之所。

故宫午门

故宫有四个城门，南边为午门，北边为神武门，东边为东华门，西边为西华门。宫内大致以乾清门为界，分为内廷与外朝两大部分，内廷为皇帝和妃子游玩休息的场所，外朝是皇帝与大臣们处理朝廷事务的区域。

你知道这些是故宫的哪个门吗？

出了神武门，便是景山公园，站在景山上可以俯瞰(kàn)故宫全貌。

北京的自然风光令人赞叹。春天的北京繁花似锦，夏日的北京郁郁葱葱，秋天的北京色彩斑斓，冬日的北京银装素裹。这些自然景观让人心旷神怡，流连忘返。

北京的人文气息浓厚，这其中既有深厚的历史文化底蕴，又有现代都市的生活朝气。北京市民的生活节奏舒适安逸，在公园里，常常可以看到人们在健身、遛狗，享受着生活的乐趣。传统艺术如京剧、泥人、糖人等在北京也得到了很好的传承。

拓展阅读

北京大学

北京大学创办于1898年，初名京师大学堂，是中国近现代第一所国立综合性大学。校内的燕园不仅有红墙绿瓦、湖光山色，还沉淀了浓浓的人文气息。园内的亭台楼阁既有北方园林的宏伟，也有江南园林的秀丽，风景十分怡人。

北京大学

北京大学图书馆

北京大学图书馆位于北大校园的核心区，其前身是京师大学堂藏书楼，至今已经走过了100多年的春秋。它激发着一代又一代北大学子的梦想，历史上很多名人都曾在此工作或学习，如李大钊曾担任北京大学图书馆主任，毛泽东也曾在此工作过。

未名湖是北大的标志性景观之一。环湖慢走，湖光塔影，草木幽幽，旖旎（yǐ nǐ）的风光让人心旷神怡。

③ 九河下梢　天子渡津

天津，简称“津”，地处渤海之滨，毗（pí）邻北京，与河北接壤，境内除了北边为燕山山地，其他地区几乎都是沿海平原。天津东部正对渤海海峡出口，又因其背靠华北平原，故而成为我国内外交流的重要通道。天津也是整个北方地区最大的沿海开放城市。

天津简图

天津境内水网密集，有“九河要津， 路通七省舟车”之说。

资料卡

天津名字的由来

1399 年，朱棣率军南下，从天津三岔河口渡河袭取沧州，并于 1402 年攻入当时明朝首都南京，登上了天子宝座。朱棣登基后，对天津念念不忘，认为这里是一块风水宝地，遂叫群臣献名。最后，朱棣选中“天津”二字，取“天子渡津之地”之意，天津由此得名。

天津的相声也十分有名。相声素有“生在北京，长在天津”的说法。天津相声以讽刺见长，富于幽默感，是扎根民间、深受广大人民群众喜爱的表演艺术形式。许多著名的相声表演艺术家都曾在天津演出过，如马三立、侯宝林等。

相声表演

过往千年，天津承接南北，引领潮头，成为当之无愧的渤海明珠。

天津之眼摩天轮

4 燕赵大地　焕彩河北

河北，简称“冀”，省会石家庄。它毗邻河南、山东、辽宁、内蒙古、山西，东临渤海，北京、天津两地如两颗明珠镶嵌(xiāng qiàn)在河北的核心地带。

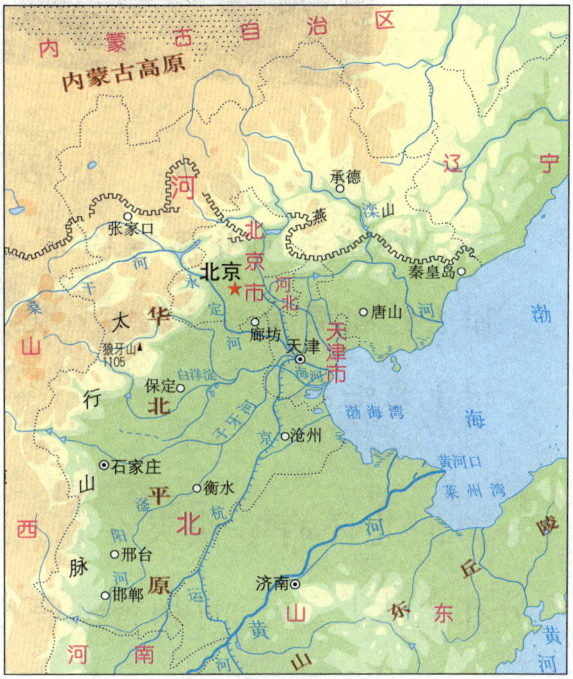

河北地形简图

河北有多种地形地貌。太行山脉纵贯河北西侧，燕山横亘其北，整体地势北高南低。从地形图上看，华北平原上分布着河北绝大部分城市。

小活动

如果去河北承德避暑山庄度假，你会选择几月份去？都要带些什么呢？把出发的时间和要带的东西记下来吧。

河北还有一块夹在京、冀之间的“飞地”，这里分布着大厂、三河和香河三个县级行政区。

资料卡

飞地

飞地指隶属于某一行政区管辖但不与本行政区毗连的地区。从同一行政区域的一个地方到另外一个地方，经陆路过去时必须经过别的行政区域，不然只能飞过去，这也是飞地一词的来源。

依太行，观沧海，燕赵焕彩，宝地福天。当提及燕赵大地时，河北人心中会油然升起一种自豪之情。

拓展阅读

山海关为什么被称为“天下第一关”

山海关位于秦皇岛市东北部，南起渤海，北依角山，因位于山海之间而得名。古时，外来军队想要攻入华北平原，若不想翻越崇山峻岭，就必须通过山海关。而山海关依山襟海，雄关锁隘，易守难攻，外来军队很难进入关内，所以它被称为“天下第一关”。

山海关

⑤ 表里山河　三晋山西

山西，简称“晋”，省会太原。它毗邻内蒙古、河北、河南和陕西，地处内蒙古高原、华北平原与黄土高原结合部，境内大部分地形为山地和高原，绝大部分城市分布在中部和南部的盆地及平原河谷地带。

从地形图上看，太行山脉、恒山、吕梁山及中条山将山西牢牢包围，形成了内有高山、外有大河的格局，人们形象地称之为表里山河。

山西地形简图

绵延千里的太行山脉在山西的东部拔地而起，直插天际，俯瞰华北平原。北岳恒山矗(chù)立在山西北部，绝壁之上，庙宇悬空，人文气息与自然风光融为一体。五台山为我国佛教四大名山之一，主峰北台顶海拔 3061.1 米，是华北地区第一高峰。

山西河流较多。黄河在其西侧，用千万年的时间冲刷出了晋陕大峡谷，也造就了黄河第一瀑——壶口瀑布。黄河第二大支流——汾河蜿蜒南下，在河津市汇入黄河。滹(hū)沱河流经太行山脉，最终流入华北平原。沁河蜿蜒曲折，流经中原，最终汇入黄河。

壶口瀑布

平遥古城

平遥古城

平遥古城位于山西省晋中市平遥县，始建于西周周宣王时期，距今已有2800多年的历史。平遥古城是一个由城墙、店铺、街道、寺庙、民居共同组成的庞大建筑群，较为完好地保留着明清时期县城的基本风貌。值得一提的是，这里与古代金融业有关的建筑格外雄伟，因为在19世纪末至20世纪初，平遥是当时中国金融业的中心。

小活动

你知道这些图片展现的都是山西的哪些地方吗？写一写吧。

山西还是一个“有味道”的省份。“借问酒家何处有，牧童遥指杏花村”说的就是醇香浓郁的汾酒。老陈醋更是山西专属的美味。山西还有丰富多样的面食，绝对是名副其实的“碳水大省”。

山西老陈醋

小巷深处飘香的汾酒、家家户户桌上味道醇厚的陈醋、“中国古代建筑宝库”，这些共同见证着山西的历史。

6 草原天堂　秘境内蒙

内蒙古自治区（以下简称“内蒙古”），简称“内蒙古”，首府呼和浩特。

内蒙古面积非常大，有 118 万平方千米。它是全国东西距离最长的省级行政区，东西直线距离约 2400 千米。因此，内蒙古从东到西拥有变化丰富的自然景观。如果要用彩色铅笔给内蒙古涂色的话，它的颜色绝不是单一的绿色，而是既有绿色，又有

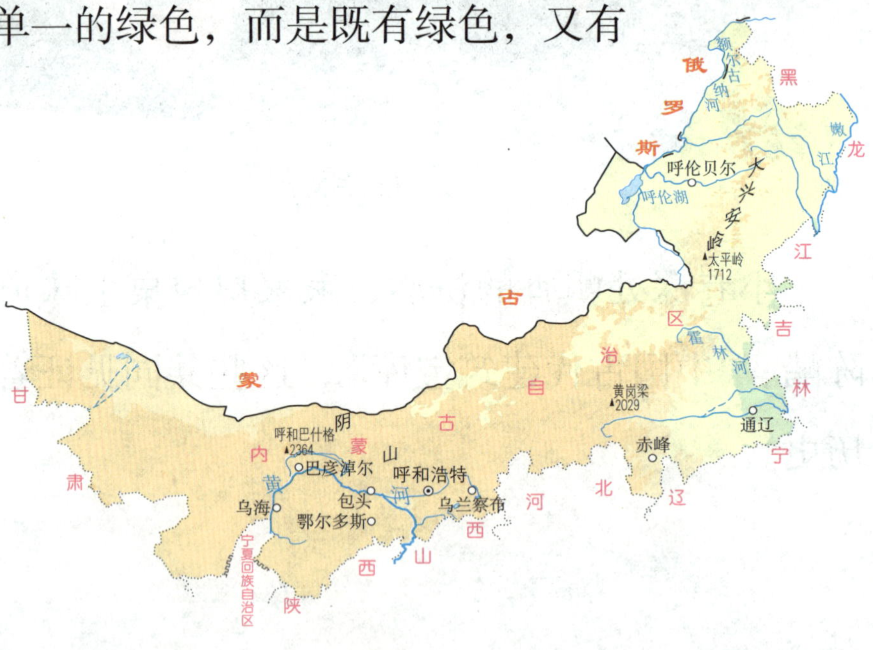

内蒙古地形简图

黄色，还有蓝色……色彩斑斓。

呼伦贝尔大草原

“蓝蓝的天上白云飘，白云下面马儿跑，挥动鞭儿响四方，百鸟齐飞翔。”一首动听的《草原上升起不落的太阳》，勾起了我们对大草原的无限向往。在内蒙古的东北部就有一片广袤的草原——呼伦贝尔大草原，它的总面积约 10 万平方千米，是世界三大著名草原之一。

内蒙古西部还有一片金灿灿的黄色区域，那里分布着巴丹吉林沙漠和腾格里沙漠。和我们想象的不同，虽然它们是沙漠，但是干旱的沙海中充满了生机。其中巴丹吉林沙漠有 100 多个湖泊，腾格里沙漠分布着大大小小 400 多个湖盆（其中积水的有 200 多个），这些湖泊如蓝色的琥珀一般镶嵌在沙漠中，当地人称这些湖泊为“海子”。

巴丹吉林沙漠中的“海子”

内蒙古的西边有一个城市叫额济纳旗，这里分布着苍茫的沙漠和戈壁。大自然为了弥补沙漠和戈壁的荒凉，赐予了它一份特殊的礼物——胡杨林。“活着千年不死，死后千年不倒，倒后千年不朽”，胡杨林在恶劣的沙漠环境中，用顽强的生命力见证着边疆无数的狼烟风沙。

从蓝天碧草到茫茫大漠，造物者的神奇之处在这里体现得淋漓尽致。当我们再次想起内蒙古时，脑海中是否浮现出色彩斑斓的画面呢？

小活动

“绿水青山就是金山银山。”想一想近年来中国在环保方面取得了哪些成就。

大自然的馈赠——胡杨林

第三章

华中地区

7 麦香浓郁　中厚河南

河南，简称“豫”，省会郑州。河南位于中国中东部、黄河中下游，东接安徽、山东，北接河北、山西，西连陕西，南临湖北。河南是全国农产品主产区和重要的矿产资源大省、人口大省、重要的综合交通枢纽。

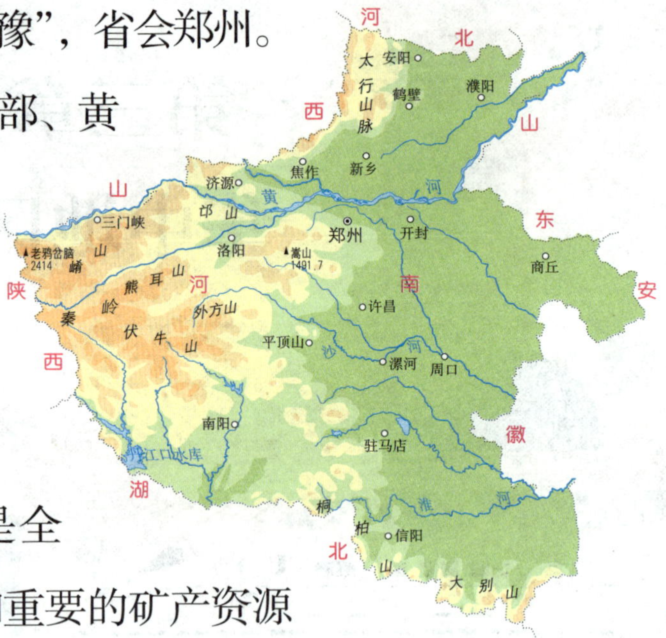

河南地形简图

我们从地形图上看，可以发现河南一半是山地，一半是平原。河南中东部为黄淮海冲积平原，西南部为南阳盆地，北部是太行山脉，西部是崤山、熊耳山、伏牛山等，南部是桐柏山、大别山，老鸦岔脑为全省最高峰，海拔约 2414 米。

人们常说“一部河南史，半部中国史”。我国八大古都中，分布在河南的就有四个，河南是我国建都地点最多，古都数量最多的省份。

郑州是全国综合性交通枢纽。中岳嵩山位于郑州登封境内，是名扬天下的少林寺的发源地。

全国综合性交通枢纽——郑州

位于郑州登封的少林寺

洛阳是“中国牡丹花都”，有5000多年的文明史，4000多年的建城史。历史上，先后有13个王朝在洛阳建都。

洛阳牡丹

开封，古称东京、汴(biàn)梁，有4000多年的建城史，素有“八朝古都”之称，孕育了上承汉唐、下启明清，影响深远的宋文化，北宋时期的开封是当时世界上最大的都城。

开封府城楼

除古都较多以外，河南自古还有“天下名人，中州过半”的说法。如我们耳熟能详的老子、庄子、韩非、范蠡(lǐ)、商鞅(yāng)、张仲景等历史文化名人，都是河南人。

河南在中国的中东部，是中华文明的发祥地之一。如果说这里古老灿烂的文明成就了中国人的精神家园，那么今天这里日新月异的变化带给我们的是明天的希望！

8 千湖之省　灵秀湖北

湖北，简称“鄂(è)”，省会武汉。湖北因大部分位于长江中游、洞庭湖以北而得名。长江与汉江在湖北境内交汇，润泽了江汉平原。湖北三面环山，地势低平，江河密布，湖泊众多，这不仅造就了发达的水路，还让湖北获得了“千湖之省”的美誉。

湖北地形简图

小活动

猜一猜下面三座名楼中，哪一座在湖北，并用箭头画出它的位置。

在这片土地上，江河湖泊交织成网，山川风光独具特色。而湖北的省会武汉，更是一座充满活力和魅力的城市。这座城市有一座举世闻名的楼阁——黄鹤楼，这座古建筑成为武汉的象征，也是中华文化的瑰宝。

位于湖北省宜昌市的长江三峡水利枢纽工程，是长江上的伟大工程。它具有防洪、通航和发电等综合功能，造福了大半个中国。

湖北，这块宝地拥有众多的自然资源和文化遗产，不仅为人们提供了丰厚的物质财富，同时也以其美丽的风景和悠久的历史吸引了无数游客慕名而来。未来，湖北将在不断发展的过程中焕发出更加绚丽的光彩，让更多的人领略到它的魅力。

三峡大坝

拓展阅读

黄鹤楼

黄鹤楼位于武汉市长江南岸的蛇山之巅，始建于三国时期，屡毁屡建，历尽沧桑。这座楼阁外观雄伟壮丽，内部设计精巧。登楼远眺，长江的壮丽景色尽收眼底，令人心旷神怡。无数文人墨客曾在这里留下了不朽的诗句，其中以唐代诗人崔颢(hào)的“黄鹤一去不复返，白云千载空悠悠”最为著名。

9 人文湘楚　山水湖南

湖南因地处洞庭湖以南而得名，又因湘江纵贯其中而简称“湘”，省会长沙。湖南毗邻六个省级行政区，分别是广东、江西、湖北、贵州、广西、重庆，是连接华东、西南、华南、华中的枢纽，其重要性不言而喻。

湖南地形简图

湖南是一个多山地的省份，三面环山，西边有武陵山、雪峰山，构建了湖南西半部分的骨架，东边有罗霄山，南边有南岭。

资料卡

三湘四水

湖南被称为“三湘四水”，其中“三湘”指的是湘中、湘西和湘南，“四水”指的是湘江、沅江、资水和澧水，“四水”最终汇集于洞庭湖。

湖南水量比较丰富，全省有大小河流5000余条。从地形图上看，湖南三面环山的地形一目了然，这样的地形近似于一个敞开的口袋。在冬季，北方的冷空气容易在此聚集，加之水汽充沛，导致虽然湖南地处南方，但是人们在此体验到的寒冷完全不比北方弱，这也是湖南人为什么特别能吃辣的原因之一。

丰富的地貌造就了湖南得天独厚的美景，比如武陵源风景名胜区、莨(làng)山等都已列入《世界自然遗产名录》。张家界国家森林公园是我国第一个国家森林公园，其独特的石英砂岩峰林地貌为世界所罕见。

人文底蕴也让湖南人引以为傲。“惟楚有材，于斯为盛。”这里不仅是伟人毛泽东的故里，还有一大批文人将相曾奋斗于此。“吃得苦、耐得烦、霸得蛮”寥寥

橘子洲头的毛泽东雕像

几句，湖南人的傲气跃然纸上。历史上，一批又一批湖南人以天下为己任，赴汤蹈火，前赴后继，挺起了民族的脊梁，用行动证明了“先天下之忧而忧，后天下之乐而乐”的家国情怀。

“湘江北去，橘子洲头，看万山红遍，层林尽染”描绘的是钟灵毓(yù)秀的湖南。如今，“敢叫日月换新天”的湖南带着伟人的希冀，仍在阔步前行。

第四章 华东地区

⑩ 魅力魔都　明珠上海

上海，简称“沪”，位于长江入海口，毗邻浙江和江苏，是我国的超大城市，也是我国重要的综合性工业城市。

上海简图

上海是近现代中国的缩影。20 世纪 30 年代，上海已经成为亚太地区繁华的商业城市，被誉为“东方巴黎”，出口贸易额占全国一半以上。

上海历史悠久、人文荟萃，拥有厚重的文化底蕴。这里有老洋房、弄堂、石库门等特色民居，有孙中山、徐光启、宋庆龄、鲁迅等名人的故居或纪念地，有南翔小笼包等风味小吃。2010 年，第 41 届世界博览会在这里举行。

资料卡

上海是许多铁路、公路线路的起点城市。我们所熟知的川藏线 G318 国道，它的起点就在上海。

上海世博会中国馆

上海鳞次栉比的高楼散发出朝气蓬勃的气息。如今的上海，经济发达，吸引了天南海北无数的人才。

当你站在黄浦江边，一侧是十里洋场，万国建筑映射着百年光辉；另一侧是浦东的陆家嘴金融中心，那里现代建筑林立。一边是老上海，另一边是新上海，这里记录着快节奏的生活与时代的变迁，这里就是“魔都”上海。

上海城市景观

⑪ 山灵水秀　繁华江苏

江苏，简称“苏”，省会南京。江苏毗邻山东、安徽、浙江和上海，位于长江三角洲经济圈的核心地带，先天优越的地理条件奠定了江苏富饶的基础。

江苏境内最高的山是位于连云港花果山的玉女峰，海拔 624.4 米。除了西部的丘陵地带，江苏几乎全部都是平原。

江苏地形简图

江苏有丰富的水资源。长江、淮河均流经江苏，我国四大淡水湖中，分布在江苏的就有两个，分别是洪泽湖和太湖。除此之外，京杭大运河贯穿江苏南北，带来了便利的航运条件。

小活动

你能分得清西湖和瘦西湖吗？下面哪幅图描绘的是瘦西湖？哪幅图描绘的是西湖？

江苏的省会——南京是一座古老的城市，承载着悠久的历史文化。在这里，明孝陵、中山陵、石头城、夫子庙等众多名胜古迹向世人诉说着南京的辉煌与沧桑。

中山陵

苏州园林，更是以其精巧绝伦的园林艺术而名扬四海，享有“江南园林甲天下，苏州园林甲江南”的美誉。园内的假山、池塘、亭台、长廊等元素，错落有致，相得益彰。苏州园林如同一幅诗意的画卷，每一处都凝聚着中国古代园林艺术的精髓。

苏州园林一景

江苏文化底蕴深厚，名人辈出，比如夫差、刘邦、项羽、韩信等。发源于苏州昆山一带的昆曲是中国传统戏剧中最古老的剧种之一。

小桥流水，乌篷雨巷，文化璀璨（cuǐ càn），鱼米之乡，这里便是江苏。

⑫ 诗画江南　山水浙江

浙江，简称“浙”，省会杭州。浙江位于我国东海之滨，毗邻福建、江西、安徽、江苏和上海。浙江70%的面积都是山地和丘陵，仅有小部分平原零星分布其间。浙江拥有数量众多的岛屿及绵长曲折的海岸线。

浙江地形简图

资料卡

宁波舟山港

浙江省的海运一直以来都十分繁荣。位于浙江省东北部的宁波舟山港，是货物吞吐量居世界前列的大港口。

西湖

浙江的西湖、千岛湖与京杭运河是这片土地上的三颗明珠，它们不仅是旅游胜地，更是浙江文化的象征。

浙江省会杭州，有“上有天堂，下有苏杭”的美誉。西湖的湖面犹如一面镜子，映照着变幻莫测的天空。古老的苏堤上杨柳依依，与周围的断桥、雷峰塔等名胜古迹相映成趣。每年春天，樱花盛开，游人如织，湖面上的小舟宛如点缀在樱花海中的繁星。

千岛湖位于杭州市淳安县。湖中星罗棋布的小岛，如诗如画，让人流连忘返。此外，千岛湖还是野生动物的乐园，这里湖水清澈，各种鱼儿在水中畅游，吸引了无数游客前来观赏。

资料卡

京杭运河是世界上里程最长、工程量最大的运河，是中华儿女的伟大创造。京杭运河不仅为南北交通提供了一条便捷通道，还促进了沿线城市的发展与繁荣。

拓展阅读

杭嘉湖平原坐落于杭州湾与太湖之间，河网密集。南浔古镇、西塘古镇及乌镇等著名的江南古镇都分布在这里。小桥流水、青砖黛(dài)瓦，江南水乡的气息在这里得到完美的呈现。

南浔古镇一景

勇立潮头是浙江的气质，开放包容是浙江的态度，改革创新是浙江的信条，这就是浙江。

13 齐鲁大地　好客山东

山东地形简图

山东，简称“鲁”，省会济南。山东位于黄渤海之滨，黄河下游。山东境内名山大川众多，“五岳之尊”泰山巍然屹立于中部，道教名山崂山耸立在黄海之滨，京杭运河从这里经过。山东不仅是一个经济大省，文化底蕴也极其深厚。

小活动

有人说山东轮廓像雄鹰，请尝试画一画山东的轮廓吧。

雄鹰

拓展阅读

泰山

泰山位于山东省中部，海拔 1532.7 米，它在平坦的华北平原拔地而起，有“一览众山小”之势。据记载，曾有十多位帝王来过泰山，有六位在此封禅。

泰山风光

山东有“天下泉城”济南，“帆船之都”青岛，“中国油城”东营，“风筝之乡”潍坊等城市，还有“天下第一泉”趵突泉，“海上第一仙山”崂山，“中国四大名楼”蓬莱阁等景点。

“天下第一泉”——趵突泉

齐鲁大地，人才辈出。这里是儒家文化的发源

资料卡

三孔

山东省曲阜市的孔府、孔庙、孔林合称曲阜“三孔”。它们是中国历代纪念孔子的圣地，以深厚的文化、悠久的历史、宏大的规模、丰富的文物珍藏而著称。

山东曲阜孔庙

14 迎客天下 秀美安徽

安徽，简称“皖”，省会合肥。安徽毗邻江西、浙江、江苏、山东、河南和湖北，既连接我国北方与南方，也连接华中与华东。

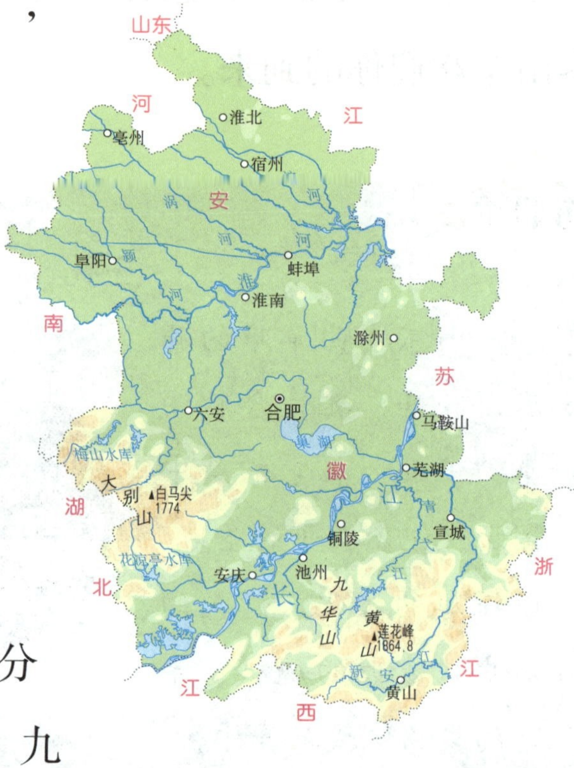

安徽地形简图

安徽的地形并不是一马平川，其南部分布着山脉，有大别山、九华山、黄山等，它们构建了皖南的地貌框架。其中，黄山被誉为“天下第一奇山”，有“五岳归来不看山，黄山归来不看岳”的说法。

安徽境内河网密布，河流分属长江、淮河、新安江三大水系，其中淮河是我国地理上的南、北分界线。我国第五大淡水湖——巢湖也在安徽。

小活动

安徽毗邻六省，请你沿着安徽轮廓，将这六个省份按正确方位填写在安徽周围。

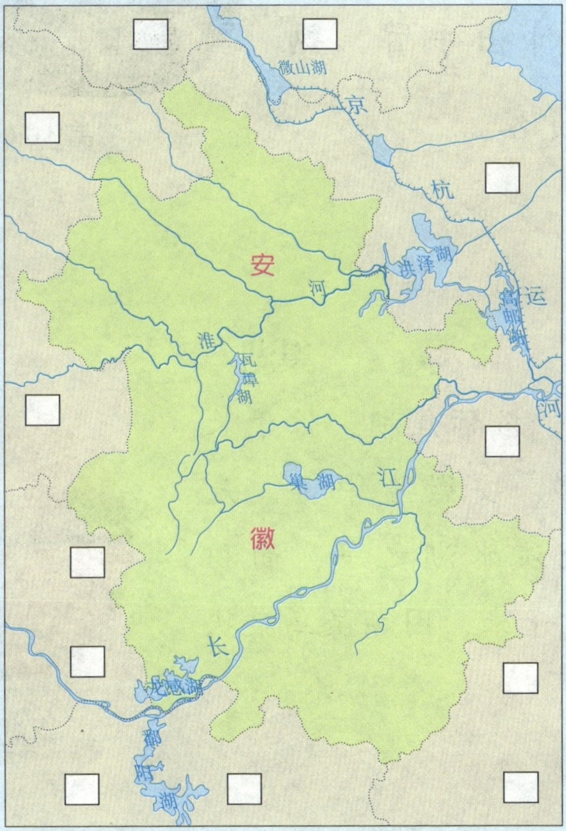

客的主人伸出手臂，热情地迎接贵客。

黄山迎客松

资料卡

巢湖

巢湖，俗称焦湖，位于长江中下游、安徽省中部，是中国五大淡水湖之一，面积769.5平方千米，因湖呈鸟巢状而得名。

巢湖晚霞

长江和淮河将安徽分为皖北、皖中、皖南三部分，这三个部分分别属于黄淮地区、江淮地区与江南地区。皖北属于北方，拥有北方的浑厚气质；皖中属南北方过渡地带，四方文化在这里交融；皖南拥有烟雨江南的婉约气韵。

皖北乡村秋色

皖中城市合肥

皖南古村落

徽商是中国古代三大商帮之一，他们主要经营盐、米、丝、茶、纸、墨等生意。他们勤劳勇敢，充分体现了安徽人坚忍不拔的意志。

“笑语江南客，无声塞北人”，安徽融合了北方的粗犷与南方的内敛灵秀。

⑮ 世界瓷都　星火江西

江西，简称“赣”，省会南昌。它毗邻福建、浙江、安徽、湖北、湖南和广东。江西风景名胜众多，有庐山、滕王阁、白鹿洞书院等，境内还有中国第一大淡水湖——鄱阳湖。

江西资源丰富，物产富饶，有色金属、稀土、木材等产量颇丰。江西还是亚洲超大型铜工业基地之一，有“有色金属之乡”“稀土王国”“世界钨都”等美誉。

江西地形简图

江西地貌以山地、丘陵为主，境内山脉纵横，有众多名山大川。江西北有幕阜山、九岭山、怀玉山，东有武夷山，西有罗霄山，南有大庾(yǔ)岭、九连山等。它还拥有三清山、武功山、井冈山等我们耳熟能详的名山。

小活动

名山连连看！请把江西名山和它对应的名字连接起来。

三清山　井冈山　庐山　武夷山

位于鄱阳湖畔的庐山，有“匡庐天下秀”的美誉。“飞流直下三千尺，疑是银河落九天”，众多的文人墨客慕名前来，并留下了脍炙人口的诗篇。在庐山脚下还“藏”

景德镇的瓷器

着中国四大书院之首——白鹿洞书院。

江西景德镇是驰名中外的“瓷都”，有1000多年的制瓷历史。景德镇的瓷器品种多样，既美观又实用，青花瓷、玲珑瓷、粉彩瓷和颜色釉瓷是景德镇四大传统名瓷。

星星之火，可以燎原。井冈山孕育了我国历史上第一个农村革命根据地。1927年，毛泽东等先辈在此开辟了“农村包围城市，武装夺取政权”的革命道路。现在的井冈山已经成为红色旅游胜地。

革命圣地井冈山

“渔舟唱晚，响彻彭蠡之滨”；美景人文，尽拥山光水色。江西一直带着昂扬的斗志砥砺前行。

⑯ 山海交错　爱拼福建

福建，简称“闽”，省会福州。福建位于中国东南沿海，东北与浙江毗邻，西北与江西相接，西南与广东相连，东南隔台湾海峡与台湾岛相望。

福建境内地形以山地、丘陵为主，地势西北高，东南低，呈依山傍海之势。福建拥有戴云山、博平岭、武夷山等一众山脉。沿海一带有福州平原、泉州平原、漳州平原等。福建较为发达的城市均分布在沿海平原地带。

福建地形简图

小活动

请描绘福建的轮廓，并根据轮廓猜一猜哪个方位是面临海洋的，说出你的理由。

武夷大红袍

福建不缺山，不缺树，更不缺茶。福建有1000多年的制茶历史，是乌龙茶的故乡，安溪铁观音、武夷大红袍是乌龙茶中的佼佼者。

武夷山

小活动

你会泡红茶吗？请查一查泡红茶的步骤，并通过绘画的形式记录下来。

厦门鼓浪屿

福建有三个明星城市，福州、厦门和泉州。福州的“三坊七巷”保留了大量传统建筑，是福州的重要标志。厦门的鼓浪屿是一座四面环海的小岛，岛上四季如春，鸟语花香，有“海上花园”的美称。宋元时期的泉州号称“东方第一大港”，是海上丝绸之路的起点，大

福州“三坊七巷”

量的丝绸和瓷器由泉州出发运往世界各地。

福建历史文化悠久，名胜古迹众多，如开元寺、湄洲岛、鼓山、永定土楼等，每年吸引着大量游客前来参观。同时，福建还拥有旖旎的海滨风光，海岛、海湾、沙滩等景观让人流连忘返。

这个充满生机与独特魅力的省份，无论是它多样的自然景观，还是它充满活力的现代都市，都能给人留下深刻的印象。

福建土楼

⑰ 明潭绿珠　宝岛台湾

台湾，简称“台”，省会台北。它位于中国东南部，东临太平洋，西隔台湾海峡与福建相望，北濒东海，南隔巴士海峡与菲律宾群岛相对。台湾由中国第一大岛台湾岛与澎湖列岛、兰屿、绿岛、彭佳屿、钓鱼岛、赤尾屿等岛屿组成。

台湾地形简图

小活动

请试着填一填台湾省的地标吧。

台湾岛是我国最大的岛屿，它南北延伸约380千米，东西宽20～150千米。这里生活着超过2000万的人口。

玉山

玉山、阿里山和雪山共同构成了台湾岛地形的骨架。岛内最高点为玉山的主峰，海拔 3952 米，它不仅是台湾第一高峰，也是我国东部地区最高的山峰。玉山山顶终年积雪，“远观似玉也”，这也是它名字的由来。

资料卡

我国的“雨极”位于台湾岛北部的火烧寮，因为此地面向太平洋，受东南方向暖湿气流的影响，降水相当丰沛，年均降水量在 6000 毫米以上，是华北平原年均降水量的 10 倍。

小活动

台湾有很多地标性建筑，其中台北市的 101 大厦尤为著名，它高 508 米，是台湾第一高楼，也是游客们来到台湾的打卡地之一。

用简笔画，画一画 101 大厦吧。

台湾中部阿里山山区有一个著名的湖泊——日月潭，这里碧波荡漾，树林荫翳(yì)，像是镶嵌在阿里山腹地的一颗蓝宝石。

你听过歌曲《外婆的澎湖湾》吗？它的原型就在台湾的澎湖列岛。当你来到这里，肯定会被它的美丽征服。它由64个大小岛屿构成，这里碧海连天，美不胜收。

以上我们所介绍的也只是宝岛台湾的冰山一角，关于它更多的美还需要你亲自去体验。

日月潭

澎湖岛美景

第五章

华南地区

⑱ 自在乐土　活力广东

广东，简称“粤”，省会广州。广东毗邻福建、江西、湖南和广西，与海南岛隔琼州海峡相望，南接香港特别行政区、澳门特别行政区。

广东境内多丘陵和山地，山脉多为东北—西南走向，主要有南岭、云雾山、九连山、莲花山等。境内的丹霞山、罗浮山、西樵山、鼎湖山并称为广东四大名山。

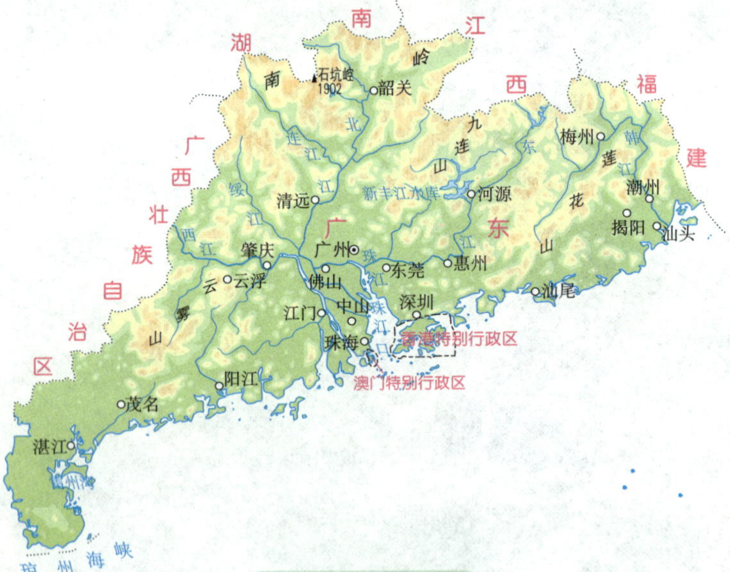

广东地形简图

关于我国的大河，你可能知道长江和黄河，其实位于广东的珠江也是中国的一条大河。虽然它的长度不及黄河，但流量是黄河的七倍。珠江由西江、北江、东江汇集而成，流入珠江三角洲。珠江三角洲坐北朝南，三面环山，一面朝海，这块土地上聚集着广东约70% 的人口，贡献着全省约 85% 的经济总量，是广东发展最强劲的区域。

粤港澳大湾区

改革开放后，广东成为改革开放的前沿阵地和对外沟通的窗口。目前，广东珠江三角洲地区九个地级市已联手香港特别行政区和澳门特别行政区打造粤港澳大湾区。未来，粤港澳大湾区将成为与纽约湾区、旧金山湾区、东京湾区并肩的世界四大湾区之一。

小活动

你知道“小蛮腰”指的是什么吗？请根据图片，试着画一下“小蛮腰”简笔画。

广东的自然景观十分独特，其中最为著名的就是丹霞山。丹霞山又被称为“中国红石公园”，因“色如渥丹，灿若明霞”而得名。丹霞山峰峦叠嶂，奇峰林立，岩洞幽深，其景色既壮观又秀美。此外，广东还有许多其他的自然景观，如南岭、白云山等，都有着独特的魅力。

广东，这个充满活力和魅力的省份，拥有着丰富的自然景观和深厚的文化底蕴。从丹霞山的壮丽景色到虎门销烟的历史事件，从繁荣都市到粤式美食，广东在不同的层面向世人展现着它的魅力。

丹霞山

19 山水风光　壮美广西

广西壮族自治区，简称“桂”，首府南宁。广西位于我国南部，毗邻广东、湖南、贵州和云南，隔北部湾与海南岛相望。广西四周山岭绵延，中部多为丘陵。

广西地形简图

广西降水丰沛，拥有稠密的河网，有桂江、柳江、钦江、南流江等大小河流千余条。

提到广西，大部分人会想到桂林山水。桂林山水是典型的喀斯特地貌，山青、水秀、洞奇、石美，“舟行碧波上，人在画中游”是这里的真实写照。漓江是桂林山水风光的精华。

“舟行碧波上，人在画中游”

资料卡

白头叶猴

白头叶猴主要分布在广西崇左市的喀斯特山区。白头叶猴是国家一级保护动物，头顶毛冠呈白色，体毛黑色，躯体纤瘦，四肢细长，尾长超过体长。它们喜欢在树上栖息，性情机敏，善于攀援，以野果、树叶、嫩芽等为食。

白头叶猴

壮族是我国人口最多的少数民族，拥有独特、灿烂的民族文化。广西是壮族的主要聚居地。壮族人民能歌善舞，勤劳善良，热情好客。

翠竹青瓦、绿野山河，八桂大地，神州沃壤，这是一个钟灵毓秀的地方。

壮族姑娘

小活动

你对广西的第一印象是怎样的？广西除了有桂林山水，还有哪些具有代表性的人文和自然景观？请查找相关资料，并试着画一画。

⑳ 椰风海韵　阳光海南

海南，简称“琼”，省会海口。海南位于我国最南端，北以琼州海峡与广东隔海相望，西临北部湾与广西、越南相对，东南和南部与菲律宾、文莱、马来西亚等隔海相望。海南形似雪梨，地势中部高、四周低。

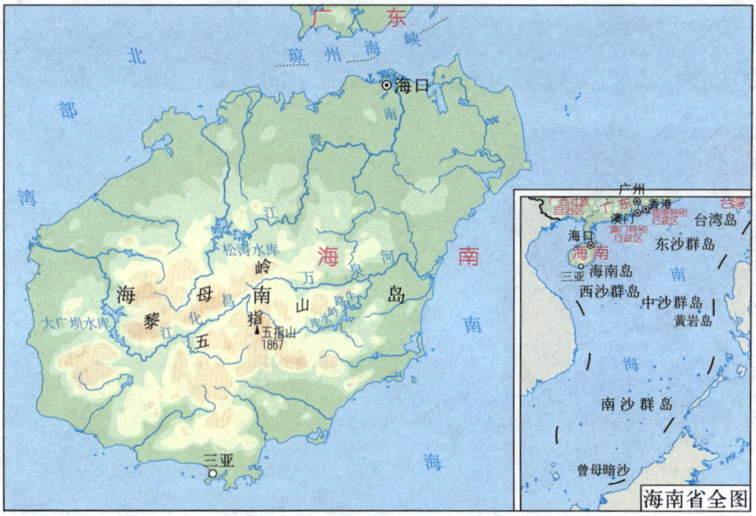

海南地形简图

拓展阅读

我国面积最大的省份是哪个？答案不是新疆也不是西藏，而是海南！算上海域面积，海南的面积比新疆的还要大很多。海南岛是我国第二大岛屿，位于我国版图的南部，是真正的南疆门户。因特殊的地理位置，海南的战略地位十分重要。

小活动

如果你要去海南的沙滩度假，那么出发前需要带什么东西呢？写在下面吧。

海南是我国唯一全境都在热带的省份。我国的最南端曾母暗沙便在海南省，它与我国最北端相距 5000 多千米，两者之间跨越多种气候带，相对温差可达 60℃。正因有如此大的温度差异，很多东北朋友选择在海南过冬。

亚龙湾

海南四季温暖，十分宜居。如果你想体验面朝大海，那来海南准没错。这里拥有众多海湾，如三亚湾、亚龙湾、海棠湾等，翡翠般的海浪拍打着金色的沙滩，独具特色的海岛风情会让你终生难忘。

海南不仅有海，还有山。海南岛的中部和南部山峦叠嶂。海南的最高峰五指山在海南岛中南部，海拔 1867 米。

五指山

海南岛是“热带宝地”，自然资源十分丰富。这里生长着许多珍贵的木材，栖息着许多珍稀野生动物。这里的橡胶产量很大，是全国重要的橡胶产地。另外，这里还盛产椰子、菠萝等热带作物，水产资源也非常丰富。

“碧海连天远，琼崖尽是春”，这便是海南。

21 东方之珠　繁华香港

香港特别行政区，简称“港”，全称中华人民共和国香港特别行政区，位于中国南部、珠江口以东，西与澳门隔海相望，北与深圳相邻，南临珠海万山群岛，区域范围包括香港岛、九龙和“新界”。

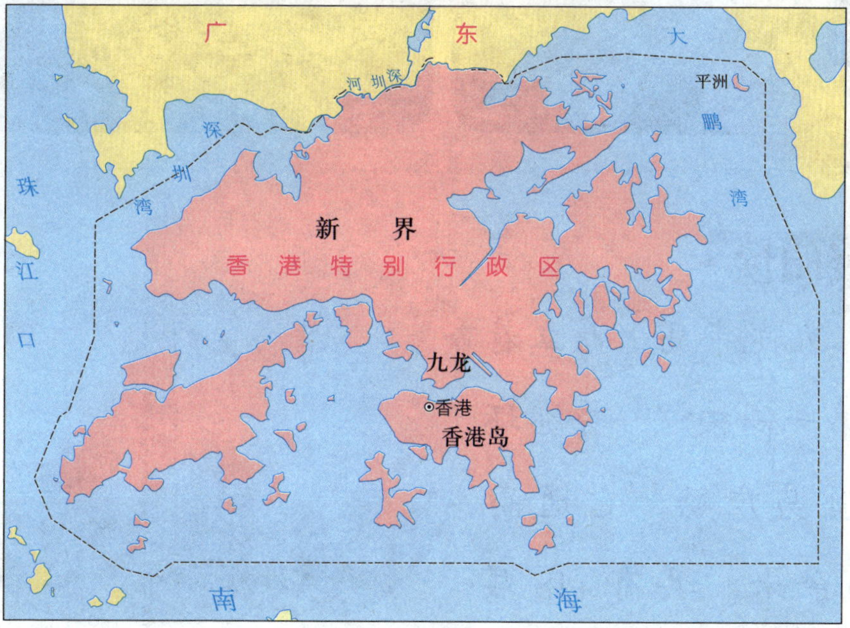

香港特别行政区简图

香港是中西方文化交融之地，文化底蕴深厚，有“东方之珠”“美食天堂”和“购物天堂”等美誉。

香港岛是香港最早开发的地区，这里的建筑十分密集，分布着许多世界知名的金融公司。

香港岛和九龙半岛之间就是香港最繁华的地方——维多利亚港。维多利亚港是世界著名的天然良港，也是香港能迅速发展的主要因素之一。

香港繁华的商业街

维多利亚港

拓展阅读

香港环球贸易广场

九龙半岛上矗立着香港第一高楼——香港环球贸易广场，它通高490余米，共有118层，在第100层有天际100香港观景台，这里可俯瞰香港全景。

维多利亚港南北两侧分布着两个重要的海湾，北面是九龙湾，南面是铜锣湾。铜锣湾往西就是中环和上环，中环是商业区，上环是住宅区。

维多利亚港的北岸是尖沙咀。由于水运便利，在古代，各地的香料会先集中运到尖沙咀，然后再用船只运往内地，久而久之这里就成了香料的集散地。直到今天，尖沙咀依然是香港高度发展的地区。

香港见证了中国百年的繁荣发展。红色朝阳洒向大地，紫荆花再次绽放，流离失所终回到祖国怀抱，这里便是——中国香港！

22 中西风情　魅力澳门

澳门特别行政区，简称“澳”，全称中华人民共和国澳门特别行政区，位于中国南部珠江口西侧，毗邻广东，与香港特别行政区相距60余千米，距离广州约145千米。澳门特别行政区由澳门半岛和氹（dàng）仔岛、路环岛组成，陆地面积32.9平方千米。

澳门特别行政区简图

小活动

你知道澳门特别行政区和香港特别行政区分别是什么时候回归祖国的吗？

澳门，这座东西方文化交融的城市，犹如一颗闪耀的明珠，璀璨夺目且充满魅力。在这座城市里，古老的历史与现代的繁华相互交织，展现出独特的韵味。

漫步在澳门的街头巷尾，你可以感受到这座城市浓厚的文化气息。妈阁庙、松山市政公园、玫瑰圣母堂、澳门博物馆、土地暨（jì）自然博物馆、艺术博物馆等展示了澳门多元的文化和丰富多彩的历史。

澳门的旅游业非常发达。如果你来澳门，一定要去大三巴牌坊。大三巴牌坊是澳门的名片，是圣保禄

澳门热闹的街道

教堂的遗址，位于澳门大三巴街附近的小山丘上。因为它的形状与中国传统牌坊相似，所以俗称“大三巴牌坊”。2005年，它与澳门历史城区一同成为世界文化遗产。

大三巴牌坊

在澳门，无论是历史古迹、现代建筑，还是自然风光，都有它们独特的魅力。

小活动

仔细观察，澳门特别行政区区旗都由什么元素组成？它们分别代表什么，有哪些寓意？

第六章 东北地区

㉓ 北国好风光　沃土黑龙江

黑龙江，简称“黑”，省会哈尔滨。黑龙江是我国纬度最高，最北、最东端的省份，毗邻一国一省一自治区，分别是俄罗斯、吉林省和内蒙古自治区。

黑龙江是一个多山地的省份，北有大兴安岭、小兴安岭，南有长白山脉、完达山和张广才岭等。境内河湖也非常多，有黑龙江、松花江、乌苏里江、兴凯湖、五大连池等。黑龙江省的名字就来源于省内最大的河流黑龙江。

黑龙江地形简图

拓展阅读

我国领土的最北端位于黑龙江省漠河市黑龙江主航道的中心线上。冬季，来自西伯利亚的寒流直抵漠河，因此这里十分寒冷。

我国领土的最东端也位于黑龙江，在抚远市黑龙江与乌苏里江主航道交汇处。这里每天早上都最先迎来祖国的第一缕阳光。

晨曦中的抚远

“北国风光，千里冰封，万里雪飘。”冬季，黑龙江零下30℃的低温是家常便饭，但是室内因为有暖气，所以十分温暖。黑龙江省牡丹江市的双峰林场，冬季雪期长达7个月，积雪厚度可达2米，是名副其实的“雪乡”。

雪乡

提到黑龙江，你一定能想到肥沃的黑土地。昔日北大荒，今日北大仓，这里已由人迹罕至的荒原变成了中国最大的机械化商品粮生产基地。

大庆油田位于黑龙江省大庆市境内，是我国最大的陆上油田。它的历史可以追溯到20世纪50年代，当时我国面临严重的能源短缺问题，为了解决这个问题，我国政府决定大力发展石油开采事业。1959年9月26日，松基三井里一股黑稠的液体在一声巨响后喷涌而出，大庆油田由此诞生。在接下来的20年中，大庆油田的采油技术得到了极大提高，生产规模也不断扩大。

这是一个生态优美、资源丰富的黑龙江，它生机勃勃、魅力四射。

大庆油田一景

小活动

你能认出下面哪幅描绘的是黑龙江省的轮廓吗？

24 雾凇冰雪　多元吉林

吉林，简称“吉”，省会长春。吉林位于东北地区中部，地处东北平原的腹地。它毗邻两个省、一个自治区和两个国家，分别是辽宁省、黑龙江省、内蒙古自治区、朝鲜和俄罗斯。

吉林地势东南高、西北低，东南部有长白山、龙岗山等山地，中西部有松嫩平原和辽河平原。境内河湖非常多。

吉林地形简图

吉林为中国工业化进程做出了卓越贡献，无数个“第一”在这里诞生：第一个汽车制造厂、第一个电影制片厂、第一个大型化工基地等。

小活动

吉林为中国经济发展做出了巨大贡献，你最想对它说些什么呢？

长白山位于中国与朝鲜的交界处，是一座年轻的休眠火山，也是鸭绿江、图们江、松花江的发源地。长白山天池是典型的火山口湖泊，也是世界上海拔最高的火山口湖泊。

长白山天池

如梦如幻的雾凇

吉林市被誉为“雾凇之都”。吉林雾凇与黄山云海、泰山日出、钱塘江潮涌并称为中国四大气象奇观。吉林雾凇多见于松花江两岸。寒冬时节，丰满水电站运行发电，江水经过发电机组后温度升高，形成大量水汽，这些水汽在零下几十度的环境中迅速冷却、凝结到两岸的树枝上，形成如诗如画的雾凇美景。

吉林是蒙古族、满族、朝鲜族等少数民族的聚居之地，不同的民族文化和风俗在这里交织，使这片土地极具包容性。

巍峨的长白山是吉林的傲骨，广阔无垠的松辽平原是吉林的肌肤，奔流不息的松花江是吉林的血液，在时代的洪流中，吉林仍然自强不息，唯实励新。

25 钢铁脊梁　山海辽宁

辽宁，简称“辽”，省会沈阳。它毗邻吉林、内蒙古和河北，以及与我国接壤的朝鲜。它是东北三省中纬度最低的省份，地处东北平原的最南端，毫无疑问，在气候方面，它是东北三省中最为优越的省份。

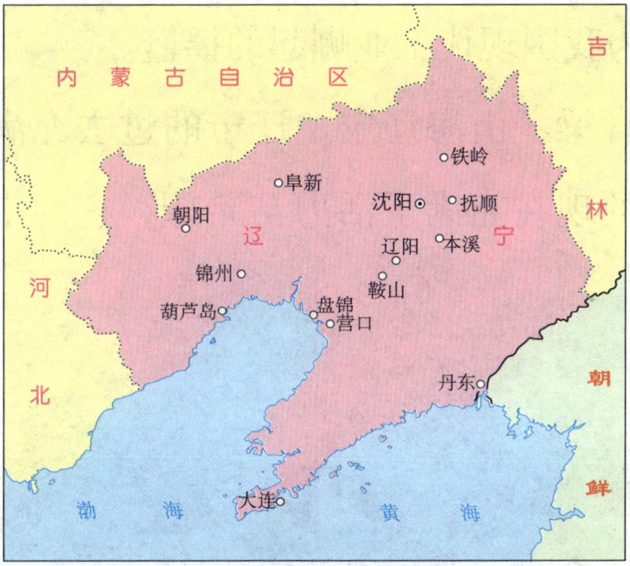

辽宁简图

辽宁全省境内山地、丘陵、平原交错分布。它拥有辽河、大凌河、小凌河、浑河、太子河和鸭绿江等河流，辽宁省便因辽河而得名。

在区位优势方面，辽宁具有航海的便利性。大连港是国际著名海港，也是东北地区重要的口岸，与其他四大港口（营口港、丹东港、锦州港、葫芦岛港）一起向外辐射多个省份与国家。

曾几何时，辽宁依托鞍山的钢铁、抚顺的煤矿、盘锦的油田、沈阳的机械制造，以“共和国长子”的身份，成为我国现代工业崛起的摇篮。

钢铁脊梁，山海辽宁。辽宁的过去充满了奋斗与坚韧，它的现在充满了活力与希望，它的未来充满了潜力与梦想。

鞍山炼钢厂

第七章

西南地区

㉖ 苍穹之下　彩云之南

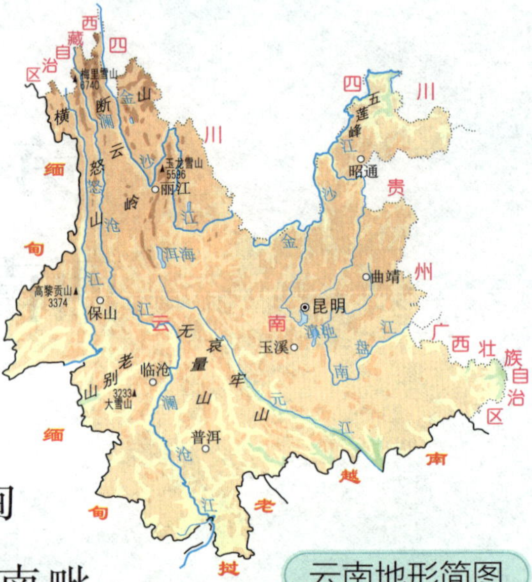

云南地形简图

云南，简称“云”或“滇”，省会昆明。云南位于我国西南边疆，东部与贵州、广西为邻，北部与四川相连，西北部紧依西藏，西部与缅甸接壤，南部和老挝（wō）、越南毗邻。云南地势西北高、东南低，高原和山地的面积占比很大。

云南有神奇壮美的玉龙雪山，有农耕文明的奇观——红河哈尼梯田，有群峰万仞的路南石林，有景色宜人的苍山洱海，有中国唯一的热带雨林保护区——西双版纳热带雨林自然保护区。在这里，澜沧江、金沙江和怒江形成“江水并流而不交汇”的奇特景观。

玉龙雪山

红河哈尼梯田

路南石林

苍山洱海

资料卡

云南是人类重要的发祥地之一，生活在距今 170 万年前的云南元谋人，是迄今发现的最早人类之一。

昆明是云南的省会，三面环山，南濒滇池，风景秀丽，是一个集自然风光、人文景观和民俗文化于一体的旅游胜地。这座城市不仅有着温暖的气候和四季不断绽放的鲜花，还是一个多民族和谐共处的地方。

在云南，除了动人的“春城”昆明，还有一座古城让我们沉醉其中，它就是丽江古城。清晨，金黄色的阳光洒在古老的城墙上，为这座古老的小城披上了一层灿烂的霞光。蜿蜒的小巷和石板路都仿佛在诉说着古老的故事。

丽江古城一景

云南自古以来就是多民族生存繁衍之地，除汉族外，还有彝(yí)族、白族、哈尼族、壮族、傣族、苗族、纳西族等在此生活。

云南的美，是一种沉静而厚重的美，是一种融合了自然风光和人文历史的美。这里的每一个角落都有故事，每一道风景都让人流连忘返。

小活动

云南的西双版纳分布着野生亚洲象。你知道大象长什么样子吗？请你画一画吧。

27 神州大地 多彩贵州

贵州，简称“贵”或“黔”，省会贵阳。贵州毗邻四川、重庆、湖南、广西和云南，地处云贵高原腹地。

贵州地势西高东低，境内90%以上的面积都是山地、丘陵，是世界上喀斯特地貌发育最典型的地区之一，有“地无三里平”之说。贵州东有武陵山，北有大娄山，南有苗岭，西有乌蒙山，位于长江和珠江两大水系的分水岭地带，境内河网密布，气候温暖湿润，十分宜居。

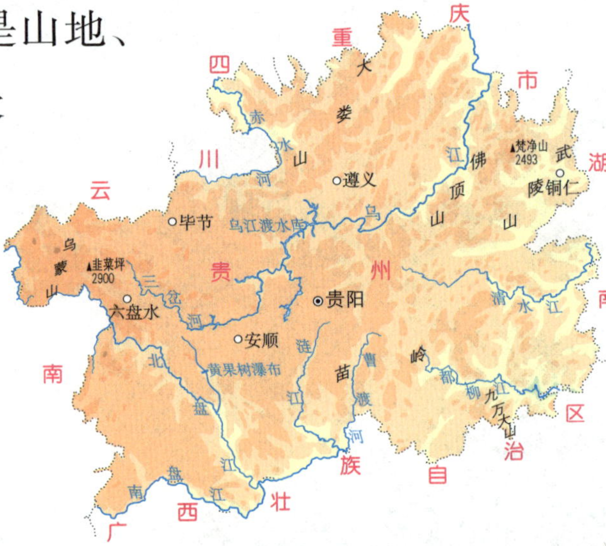

贵州地形简图

小活动

贵州黄果树瀑布是世界著名的大瀑布，你能搜集一些描写它的诗词吗？

黄果树瀑布

梵净山位于贵州东北部，是武陵山的主峰，拥有怪石、奇树、云海、幽谷等景观，因优良的生态环境被誉为“地球和人类之宝”，也被列为世界自然遗产。除此之外，梵净山还是佛教圣地。

梵净山

资料卡

北盘江大桥位于贵州西南部，其桥面与谷底垂直高差约 565 米。

北盘江大桥

拓展阅读

人们常用“天无三日晴”来形容贵州多雨，为什么会出现这种状况？这是因为，每年4—10月，西南季风经过云贵高原的抬升后向贵州行进，当其与由北方南下的冷空气相遇时，会出现一种特殊的气候现象——准静止锋，这样冷暖空气相持不下，长期滞留在贵州，就造成了阴雨绵绵的天气。

资料卡

“中国天眼”位于黔南布依族苗族自治州平塘县的大窝凼(dàng)。它是我国自主研发建成的世界上最大的单口径（口径为500米）射电望远镜，用于接收来自宇宙的电磁信号。

“中国天眼”

贵州是一个人文底蕴丰厚的省份，它正以崭新的姿态面向世界。

28 巴山蜀水　天府四川

四川，简称“川”或“蜀”，省会成都。四川位于中国西南地区，地处长江上游，毗邻陕西、甘肃、青海、西藏、云南、贵州和重庆。

四川地势西高东低，西部是高原和山地，有沙鲁里山、大雪山、岷山等，东部是四川盆地，四川盆地里面包含着成都平原。四川水资源非常丰富，境内有雅砻(lóng)江、岷江、大渡河、嘉陵江等河流。

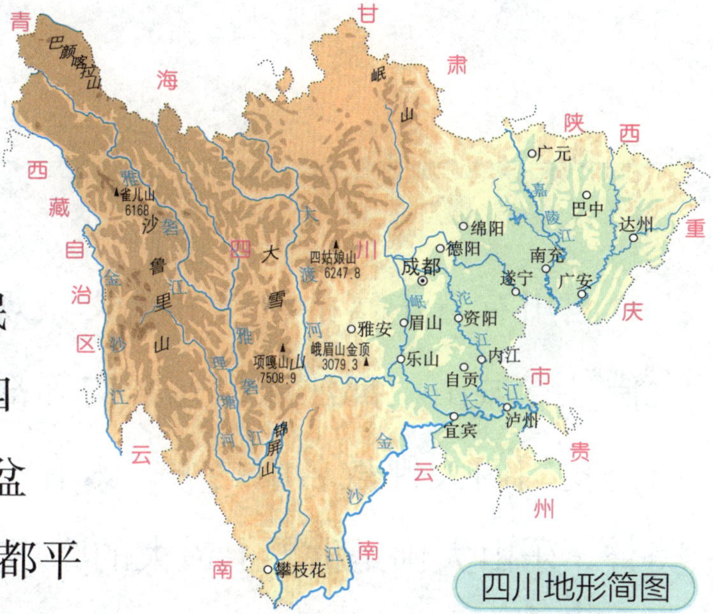

四川地形简图

小活动

参照下面的图片，设计一张大熊猫的邮票吧。

四川有着丰富的自然和人文景观，峨眉山、乐山大佛、青城山、都江堰、九寨沟等都位于这里。峨眉山是我国四大佛教名山之一，素有“峨眉天下秀”的美誉。乐山大佛是世界上最大的摩崖石刻弥勒佛坐像。青城山古木参天，青峰叠翠，有“青城天下幽”之誉。九寨沟因 9 个藏族村寨坐落在这片高山湖泊群之中而得名，兼具雪山、湖泊、瀑布和森林等景观。

资料卡

四川西部的川西高原位于青藏高原的东侧边缘，紧邻四川盆地，风景壮丽无比。随着近几年自驾游的盛行，川藏线318、317国道成为热门路线，也让川西高原成了旅游爱好者的天堂。

318国道

四川有着悠久灿烂的文化。它是中国道教文化的发源地之一，全世界最早的纸币“交子”在这里诞生，李白和杜甫也曾在这里居住，并留下了许多流传后世的著名诗篇。这里可谓是神奇瑰丽、人才荟萃。

四川自然风光旖旎多姿，名胜古迹蜚(fēi)声中外，更多的四川美景还需要你亲自来体验。

㉙ 峰岭相间　山城重庆

重庆，简称“渝”，有“山城”“雾都”“桥都”之称，其位于四川盆地东侧，毗邻贵州、湖南、湖北、陕西和四川。

重庆的轮廓形似“人”字，地貌极其丰富，以丘陵、山地为主，兼有盆地。重庆北、东、南三面分别有大巴山、巫山、大娄山，西有四川盆地。

重庆地形简图

重庆位于四川盆地、云贵高原等地形单元的交汇过渡地带，长江与嘉陵江在此汇合。

重庆不仅有火锅，还有朝天门、解放碑、洪崖洞、磁器口、芙蓉洞等众多自然、人文景观。

小活动

观察下图，哪个是正确的重庆轮廓图？请描绘出来。

重庆是名副其实的巴蜀咽喉。独特的地形造就了重庆“魔幻式”的城市景观。

重庆的“魔幻式”城市景观

重庆有它独特的烙印——火锅、喀斯特和三峡。火锅是重庆的标志，重庆火锅闻名全国。喀斯特为什

瞿塘峡

么能成为重庆的标志？重庆喀斯特地貌广布，天坑、地缝、溶洞等各种地貌景观俱全，置身其中，你能感受到大自然的鬼斧神工。三峡指的是瞿塘峡、巫峡、西陵峡三段大峡谷，这三段大峡谷仅重庆就占两个。

喀斯特天坑

重庆芙蓉洞

重庆既有充满烟火气的市井生活，也有鳞（lín）次栉（zhì）比的高楼大厦。在这一方热土上，人们勤勉拼搏，向世人展现着朝气蓬勃。

30 雪域高原　圣洁西藏

西藏自治区，简称“藏”，是中国五个自治区之一，首府拉萨。它位于青藏高原西南部，北邻新疆，东接四川，东北紧靠青海，东南连接云南，还与缅甸、印度、不丹、尼泊尔、克什米尔等国家及地区接壤，是中国西南边陲的重要门户。

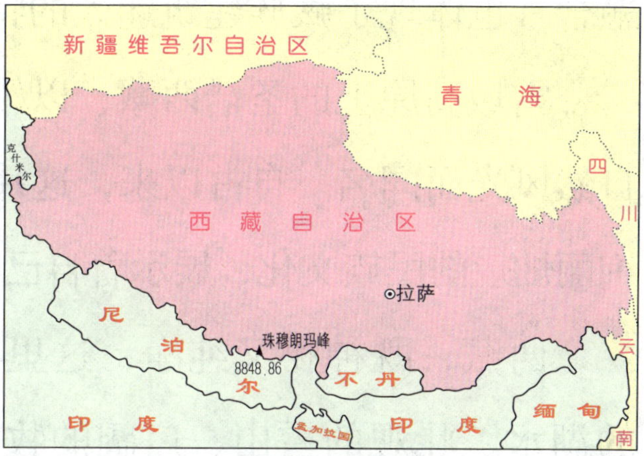

西藏简图

布达拉宫

布达拉宫坐落于拉萨市区西北角的玛布日山上，是世界上海拔最高，也是西藏最庞大、保存最完整的古代宫堡建筑群，集宫殿、城堡和寺院于一体。宫内藏有大量雕塑、壁画、佛像、典籍等文物。宫体依山垒砌，殿宇恢宏，气势雄伟，坚实的花岗岩墙体，金碧辉煌的金顶，体现了汉藏文化的完美融合，也体现了藏族建筑迷人的特色。

雪域高原上的圣洁西藏，以雄伟壮观、神奇瑰丽的自然风光而闻名。自古以来，这片土地上的人们创造着绚丽灿烂的民族文化，展示着自己独特的魅力。

西藏，既神秘又纯净，这里有澄澈的天空、静谧的湖水、壮观的雪山、广阔的牧场，有人爱西藏的天空，有人爱藏民的质朴……你也去西藏看看天、看看山、看看水吧。

纳木错风光

第八章 西北地区

㉛ 丝路秘境　奇彩甘肃

甘肃，简称“甘”或“陇”，省会兰州。甘肃地处黄河上游，毗邻六个省级行政区，分别是新疆、内蒙古、宁夏、陕西、四川和青海，是古丝绸之路的必经之地。它像一块瑰丽的宝玉，镶嵌在我国的西北地区。

甘肃地形简图

甘肃境内多山地与高原，乌鞘(shāo)岭以西，祁连山脉以北，合黎山和龙首山以南是著名的河西走廊，古丝绸之路经过这里。甘肃东西跨度大，所以人们常说“新疆不远，只是甘肃太长，陕西跟新疆之间只隔了一个甘肃”。

资料卡

莫高窟俗称千佛洞，坐落在敦煌东南部的鸣沙山上，现尚存有壁画和雕塑作品的共 492 窟，共有壁画 4.5 万多平方米，彩塑像 3000 多身。莫高窟是世界上现存规模最大、内容最丰富的佛教艺术圣地。

莫高窟的壁画

“黄河明珠”——金城兰州，是甘肃省会，它坐落于黄河之畔，是西北地区重要的交通枢纽。这里没有骆驼，也没有漫天风沙，有的是现代化城市风貌和淳朴的人文风情。当夜幕降临，你可以在这里喝一杯酸

莫高窟

甜可口的杏皮水；而在清晨，你可以吃上一碗热乎的牛肉面。这些可以让你品尝到专属于这座城市的味道。

兰州黄河湾

“丝路古风，雄关神韵”，说的就是甘肃嘉峪关。提到嘉峪关，你一定不陌生，它因嘉峪关长城而得名，自古以来就是边关要塞，是明代长城西端的起点。祁连山脉的皑皑白雪映衬着嘉峪关的关城，显得嘉峪关格外雄浑。

嘉峪关

甘肃还有许多值得去的地方，如有“秦陇锁钥，陇上江南”之称的陇南，有“陇东粮仓，羲皇故里”之称的庆阳，有“中国镍都”——金昌等，它们共同组成了多彩梦幻的甘肃。

32 塞上江南　炫彩宁夏

宁夏，简称“宁”，首府银川。它毗邻陕西、内蒙古和甘肃，境内山地和高原占绝大多数，其余为平原；地势南高北低，南部有黄土高原、六盘山等，中北部是宁夏平原，西北部有贺兰山等，黄河斜贯宁夏中北部。在古代，宁夏是我国西北边防至关重要的存在，也是游牧民族与中原王朝反复争夺的要地。

宁夏地形简图

宁夏还是著名的回族之乡。回族是我国分布最广的少数民族之一，他们大多信仰伊斯兰教，在饮食、服饰、风俗等方面有着自己的特色。

宁夏被称为“塞上江南”，是紧临沙漠的富庶之地。黄河滋养了其上千年，造就了沃野千里的河套平原；贺兰山在其西侧阻挡了风沙与寒流，成就了宁夏的富饶。

河套平原

拓展阅读

古代西夏王朝的核心地带就位于今天的宁夏地区。如今，在贺兰山东麓(lù)，西夏王陵巍然矗立。

贺兰山下凛冽(lǐn liè)的西风低声呜咽，仿佛在诉说着这里的过往。如今这里再无狼烟，而是一片宁静祥和、欣欣向荣。

㉝ 三秦大地　人文陕西

陕西，简称“陕”或“秦”，省会西安。陕西位于我国内陆腹地、黄河中游，地域南北长、东西窄，周边与山西、河南、湖北、重庆、四川、甘肃、宁夏和内蒙古接壤，有承东启西的区位之便。

关中平原，也被称为“八百里秦川”，位于秦岭与陕北高原之间，西安就位于此处。这里自古就地势平坦、土地肥沃，周朝、秦朝、汉朝、唐朝都曾在这片土地上建都。

陕西地形简图

陕西的水资源也相当丰富，黄河从其东侧奔腾而过，黄河最大支流渭河横穿关中平原并在潼关汇入黄河干流。此外，嘉陵江也发源于陕西。正是因为有这些河流的滋润，陕西几千年来生生不息。

陕西水系分布简图

陕西是中华民族及中华文化的重要发祥地之一。历史上有十多个朝代在此建都，代表文化为“三秦文化”。它不仅拥有一众历史文化名城，还有许多著名景点，如陕西历史博物馆、秦始皇陵及兵马俑、华山、大雁塔、小雁塔、西安城墙、西安钟鼓楼、大唐芙蓉园等。

小活动

说起陕西，人们会想到兵马俑。你能参考右图，用橡皮泥捏一尊兵马俑吗？

延安是红色革命圣地。1937年至1947年，延安作为中共中央的所在地，毛泽东等老一辈革命家在此领导全国革命，夺取了抗日战争、解放战争的伟大胜利！

红色革命根据地——延安

资料卡

“泾渭分明”这一成语源于陕西的一处自然景观。渭河浑浊，泾河清澈，因此，在渭河和泾河的交汇处，清浊分明。我们常用此成语来比喻界限清楚，好坏分明。

渭河与泾河交汇处

这是一个充满历史韵味、自然风光雄浑的省份。它既有古老的文化遗产，又有现代的城市风貌。无论是历史爱好者、文化探索者，还是自然之美的欣赏者，都能在陕西找到属于自己的宝藏。

㉞ 中华水塔　梦幻青海

青海，简称“青”，省会西宁。它位于中国西部、青藏高原东北部，毗邻西藏、四川、甘肃和新疆，因境内有我国最大的内陆咸水湖——青海湖而得名。

青海地势高峻，境内山脉纵横，北有祁连山脉、阿尔金山，中有昆仑山脉、巴颜喀拉山、阿尼玛卿山，南有唐古拉山。

青海地形简图

位于青海南部的三江源地区是长江、黄河、澜沧江的发源地，故被称为“江河源头”，素有“中华水塔”的称号。

三江源自然保护区

小活动

描写青海的诗歌有很多，你能否收集一首，试着朗诵给家人听。

湟水谷地是青海重要的农业生产基地，这里是黄土高原与青藏高原的过渡地带，海拔较低，青海的省会西宁便在这里。

西宁城市景观

青海湖是一个断层陷落湖，四周被山脉环绕，许多河流顺着山势最终汇入青海湖，正在这样相对封闭的地理条件造就了我国面积最大的内陆咸水湖。湖中小岛以海心山、鸟岛最为著名，鸟岛是数万只候鸟的栖息地。湖岸有广阔的草原，是良好的牧场。

高原圣湖——青海湖

小活动

从地图上来看，青海的轮廓形似一只小兔子，请试着描一描青海的轮廓吧。

青海，拥有富饶而壮丽的土地。这里文化与自然融合，成就了一幅美丽的画卷。它的美，不仅在于外在的壮丽和多样，更在于内在的深邃和有韵味。

㉟ 奇丽广袤　大美新疆

新疆维吾尔自治区，简称“新”，是全国陆地面积最大的省份，首府乌鲁木齐。它位于祖国的最西端，亚欧大陆腹地，毗邻8个国家和地区，是我国接壤邻国最多的省份。

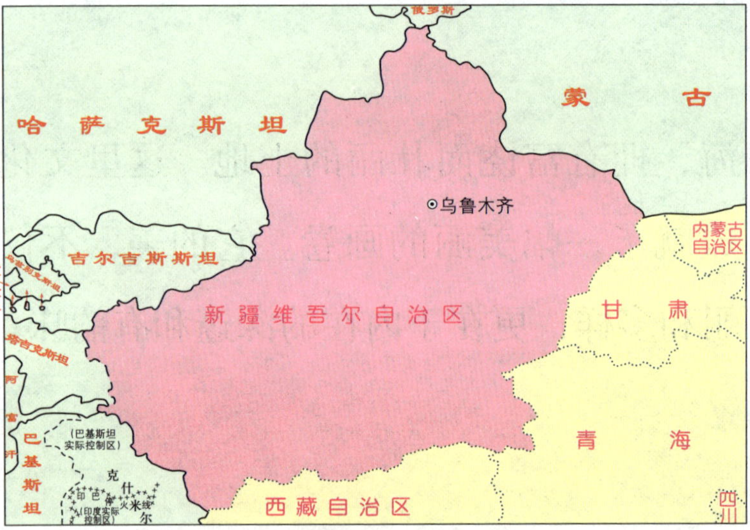

新疆简图

小活动

你知道新疆都毗邻哪些国家吗？试着补充完整吧。

蒙古国、俄罗斯、哈萨克斯坦、__________、__________、__________、__________、印度。

拓展阅读

新疆究竟有多大呢？

新疆面积广阔，它的面积约 166 万平方千米，约占我国陆地总面积的六分之一。其南北直线距离为 1400 多千米，东西直线距离为 1900 多千米。

“三山夹两盆”是人们对新疆地形最直观的描述。新疆北部有阿尔泰山脉，中部有天山山脉，西部有喀喇昆仑山，南部有昆仑山脉、阿尔金山。以天山为界，新疆分为南疆和北疆，北疆

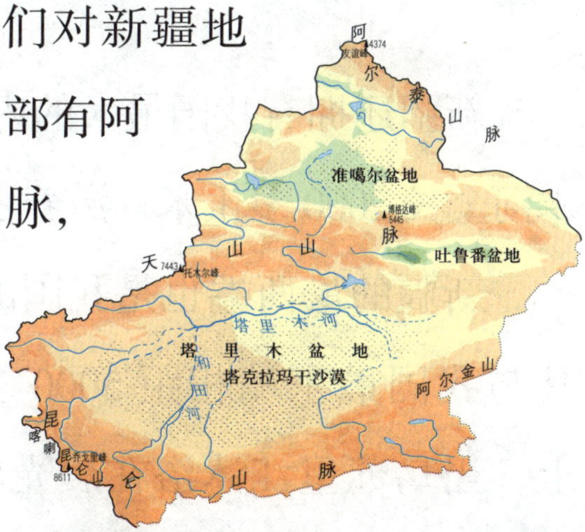

新疆“三山夹两盆”地形示意图

有准噶尔盆地，南疆有塔里木盆地。新疆不仅有“三山”和“两盆”，还有伊犁河谷，吐鲁番盆地等。

小活动

你知道下面的美景分别是新疆的哪里吗？

新疆还拥有我国最大的内流河——塔里木河。塔里木河全长 2000 多千米，滋养了塔里木盆地边缘的绿洲。

新疆的最西端也是我国的最西端——帕米尔高原，其与我国最东端相距 5000 多千米，时差在 4 小时以上，当乌苏里江沐浴在晨光中时，帕米尔高原仍是满天星斗。

塔里木河一景

资料卡

1. 发源于阿勒泰地区的额尔齐斯河是中国唯一流向北冰洋的河流。

2. 伊犁河谷是中国唯一一处能被大西洋暖湿气流吹到的地方，降水量十分丰富。

3. 中国最热的地方在吐鲁番盆地，这里夏季地表温度可达 80℃。

新疆就像一座巨大的宝库，里面有一幅幅壮美的画卷。在这片神奇的土地上，将会继续上演更多动人的故事，让我们一起感受新疆的美吧！